SUCCESSION

de Mme Ve LENOIR

DEUXIÈME PARTIE

OBJETS D'ART

COMMISSAIRES-PRISEURS :

Me BOUSSATON, 39, rue de la Victoire.

Me CHARLES PILLET, 10, rue de la Grange-Batelière.

EXPERTS :

M. CHARLES MANNHEIM,
7, rue Saint-Georges.

M. FÉRAL, PEINTRE,
23, rue de Buffault.

1874

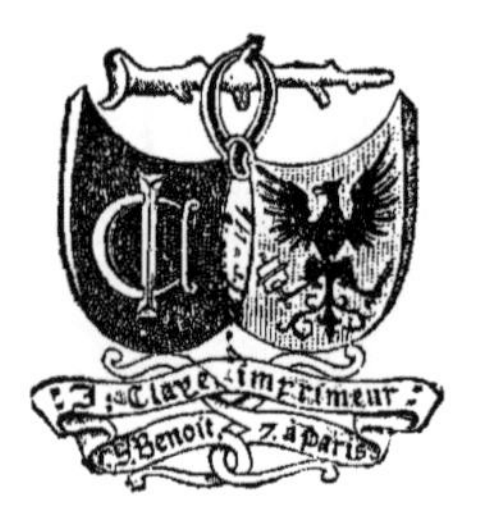
J. Claye imprimeur
r. S. Benoit 7. à Paris

CATALOGUE

DES

OBJETS D'ART

STATUES
BUSTES ET FIGURINES EN MARBRE ET EN TERRE CUITE
VASES ET COLONNES EN MARBRE
FAÏENCES, PORCELAINES, BRONZES D'ART ET D'AMEUBLEMENT
MEUBLES, SCULPTURES EN IVOIRE
ORFÉVRERIE, MINIATURES, ÉMAUX, ARMES ORIENTALES
PIPES, MATIÈRES PRÉCIEUSES, OBJETS VARIÉS

Dépendant de la Succession de Mme Ve LENOIR

DONT LA VENTE AURA LIEU

HOTEL DROUOT, SALLES Nos 8 ET 9

Les Mardi 19, Mercredi 20
Jeudi 21, Vendredi 22 et Samedi 23 Mai 1874

A DEUX HEURES

PAR LE MINISTÈRE DE Me BOUSSATON, COMMISSAIRE-PRISEUR
39, Rue de la Victoire

ET DE Me CHARLES PILLET, SON CONFRÈRE
10, rue de la Grange-Batelière

ASSISTÉS DE M. CHARLES MANNHEIM, EXPERT
7, rue Saint-Georges

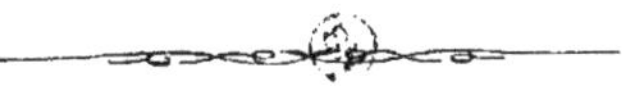

EXPOSITIONS

PARTICULIÈRE, le Samedi 16 Mai 1874
PUBLIQUE, le Dimanche 17 Mai 1874

DE UNE HEURE A CINQ HEURES

CONDITIONS DE LA VENTE

Elle sera faite au comptant.

Les adjudicataires payeront CINQ POUR CENT en sus des enchères.

L'exposition mettant le public à même de se rendre compte de l'état des objets, il ne sera admis aucune réclamation une fois l'adjudication prononcée.

ORDRE DES VACATIONS

Le Mardi 19 Mai 1874.

Sculptures en marbre. . . . . 594 — 632
Vases et Colonnes. . . . . 633 — 645
Bronzes d'ameublement. . . . . 728 — 745
Meubles . . . . 746 — 766

Le Mercredi 20 Mai 1874.

Faïences. . . . . 646 — 659
Porcelaines. 660 — 695
Objets variés . . . . 696 — 709
Bronzes . . . . 710 — 727

Le Jeudi 21 Mai 1874.

Orfévrerie . . . . 382 — 396
Miniatures. 397 — 430
Armes et Pipes . . . . 543 — 581
Ivoires. . . . . 582 — 593

Le Vendredi 22 Mai 1874.

Miniatures . . . . 431 — 542

Le Samedi 23 Mai 1874.

Pierres gravées.. . . . . 277 — 348
Matières précieuses. . . . . 349 — 381

PIERRES GRAVÉES

277. — Agate orientale à deux couches. Camée. Saint-Georges terrassant le dragon, monté en broche en or émaillé et roses.

278. — Agate à couche blanche sur fond brun clair. Camée. Buste de Lucrèce, signé *Xaverie*. Monté en épingle d'or.

279. — Jaspe sanguin. Camée. Tête de Christ de profil, tournée à droite et couronnée d'épines. L'artiste a profité des taches rouges de la matière pour simuler les gouttes de sang. Monture en médaillon d'or.

280. — Agate à couche blanche sur fond brun. Camée. Psyché faisant danser l'Amour sur l'extrémité de son pied. Signé *Morelli*. Monté en broche en or émaillé noir et perles fines.

281. — Agate à couche blanche sur fond brun. Camée, signé *Berini*. Vénus désarmant l'Amour.

282. — Agate à couche rougeâtre sur fond clair. Camée. Tête d'homme barbu, lauré. Monté en épingle d'or.

283. — Agate à couche blanche sur fond clair. Camée, signé *Clachan*. Tête de femme de profil à droite. Époque Louis XV. Monté en épingle d'or et entouré de diamants.

284. — Calcédoine à deux couches. Camée. Jeune Femme vue à mi-corps et tenant une colombe. Monté en broche en or émaillé et roses.

285. — Calcédoine blanche. Camée. Tête de guerrier casqué, de profil. Monté en broche en or émaillé noir avec roses et turquoises incrustées.

286. — Agate orientale sardonisée. Camée à angles coupés. Têtes conjuguées de profil d'un empereur et d'une impératrice romains. Monté en broche en or émaillé noir et rubis.

287. — Agate à deux couches. Camée. Panthère et Thyrse. Travail antique.

288. — Pierre des Amazones. Camée. Tête de bacchante en haut-relief. Monté en broche d'or avec filet d'émail noir et enrichie de perles fines et de diamants.

289. — Agate orientale à deux couches. Intaille. Tête de Jupiter Olympien. Montée en broche d'or.

290. — Chrysophrase. Petit Buste en ronde bosse de l'empereur Napoléon Ier couronné de lauriers, sur pied, en jaspe rouge et agate.

291. — Coquille. Deux camées ovales représentant des sujets tirés de l'histoire romaine. Ils sont signés au revers : *Liborio Londini fecit, A. 1796, Romæ.*

292. — Cornaline. Camée. Tête de vieillard de profil tourné à gauche.

293. — Agate à couche blanche sur fond brun clair. Camée. Amour courant et tenant une couronne. Monté en épingle d'or.

294. — Sardoine orientale. Camée. Figure de Pallas debout. Montée en épingle d'or.

295. — Agate à couche blanche sur fond brun clair. Camée. Masque de Silène. Monté en épingle d'or.

296. — Agate à couche blanche sur fond brun clair. Camée. Figure d'Euterpe pinçant de la lyre. Monté en épingle d'or.

297. — Topaze. Camée. Buste de femme. Monté en broche d'or émaillé à fond noir et ornements rapportés émaillés blanc.

298. — Améthyste. Camée. Tête de bacchante de face. Monté en broche d'or enrichie de demi-perles.

299. — Broche formée d'un camée sur agate à deux couches, monté en or à filets d'émail noir, enrichie d'un rang de brillants.

300. — Broche formée d'un camée. Tête de femme gravée sur émeraude et entourée de roses, de perles fines et de quatre brillants.

301. — Camée à deux couches. Tête de femme réservée en blanc sur fond rouge et entourée d'un rang de brillants.

302. — Broche formée d'un camée. Tête de négresse avec coiffure enrichie de roses. La monture en or est rehaussée d'un filet d'émail vert et de demi-perles.

303. — Broche formée d'un camée. Tête de femme à couche blanche sur fond rouge; monture en or et perles fines.

304. — Camée sur agate à deux couches. Tête de femme entourée de quinze brillants et montée en broche en or à filets d'émail noir.

305. — Deux Pendants d'oreilles ornés chacun de deux camées tête de nègre, et montés en or et perles fines.

306. — Deux autres Pendants d'oreilles ornés chacun d'un camée onyx gravé à figure d'Amour, entouré de brillants et avec perles pendeloques fausses avec calottes en roses et bouton en brillant.

307. — Bracelet formé de cinq camées sur onyx montés en or.

308. — Trois Camées. Figures de danseuses. Montés en bracelet d'or.

309. — Calcédoine. Camée. Tête de femme. Monté en bracelet formé d'une chaîne plate en or.

310. — Agate onyx. Cinq camées. Montés en bracelet d'or.

311. — Calcédoine à deux couches. Camée représentant l'Aurore. Monté en bracelet d'or à brisures.

312. — Calcédoine à deux couches. Camée. Tête de femme. Monté en broche d'or émaillé avec application de demi-perles.

313. — Onyx à deux couches. Cinq camées. Têtes de femmes. Montés sur un peigne d'écaille garni en or.

314. — Calcédoine à deux couches. Deux petits camées. Montés en pendants d'oreilles en or à chaînettes.

315. — Onyx à deux couches. Deux camées. Montés en argent doré et formant fermoirs de bracelets.

316. — Calcédoine. Camée. Tête de femme. Monté en bague d'or.

317. — Cornaline. Intaille. Tête de femme. Monté en bague d'or.

318. — Corail. Camée. Tête de femme. Monté en bague d'or enrichie de roses.

319. — Camée. Monté en bague d'or et entouré de perles fines.

320. — Prime d'émeraude. Intaille. Montée en épingle de cravate en or et entourée de brillants.

321. — Agate à couche blanche sur fond clair cristallisé. Camée. Tête de Cérès, de profil à gauche. Monté en broche en or émaillé noir, enrichie de rubis.

322. — Onyx à deux couches. Camée. Tête de négresse sur couche blanche incrustée d'or gravé. Monté en broche d'or.

323. — Agate onyx à plusieurs couches. Camée. Tête de bacchante, de profil à gauche. Monté en broche d'or enrichie de quatre perles fines.

324. — Jaspe vert. Camée ovale. Buste de César Auguste de profil.

325. — Lapis-lazuli. Camée. Tête de femme de profil, tournée à droite. Monté en broche d'or à filets et points d'émail blanc.

326. — Malachite. Camée. Tête de bacchante en haut-relief. Monté en broche.

327. — Lapis-lazuli. Camée. Buste de Diane de trois quarts, à gauche. Monté en épingle d'or.

328. — Calcédoine à deux couches. Camée. Tête d'empereur romain, de profil, à gauche. Monté en bague.

329. — Calcédoine à deux couches. Camée. Romulus et Rémus allaités par la louve. Monté en bague.

330. — Agate onyx à plusieurs couches. Camée, signé *Girometti*. Buste de femme de profil à droite.

331. — Agate onyx à plusieurs couches. Camée, signé *Garelli*. Tête de femme de profil à droite.

332. — Agate onyx à trois couches. Camée, signé *Calandrelli*. Buste de femme de profil à gauche.

333. — Agate onyx à trois couches. Camée. Buste de femme de profil à droité.

334. — Pierre tendre et dure. Grand camée ovale. Tête de bacchante de profil à droite; monté en médaillon, en argent doré.

335. — Agate à deux couches. Grand camée ovale. Tête d'homme barbu, de profil à droite.

336. — Agate à deux couches. Camée. Buste de Vierge de profil à droite. Monté en broche d'or gravé et repercé à jour.

337. — Jaspe agate à deux couches. Camée. Tête de faune de trois quarts à gauche. Monté en broche d'or à filet d'émail bleu et entouré de perles fines.

338. — Agate à deux couches. Camée, signé *Berini*. Tête d'Alexandre de profil à gauche. Monté en broche d'or guilloché, émaillé vert avec entourage de perles fines.

339. — Sardoine orientale. Intaille par *Pikler*. Tête d'Alexandre casqué de profil à gauche. Monté en médaillon d'or.

340. — Agate blanchâtre. Intaille. Tête de Jupiter lauré de profil à gauche.

341. — Jaspe vert et agate. Deux camées. Tête de Christ. L'un d'eux monté en broche d'or.

342. — Agate à deux couches et topaze. Deux camées. Bustes d'hommes.

343. — Agate à deux couches. Deux camées. Tête de Psyché montée en épingle et l'autre montée en bague.

344. — Topaze. Intaille signée *Pikler*. Les trois Grâces.

345. — Sardoine orientale barrée. Intaille signée *Aylos*. Tête de femme de profil à gauche.

346. — Agate à trois couches. Camée. Têtes conjuguées de profil de Jupiter et de Junon.

347. — Agate à plusieurs couches. Camée. Tête de femme de profil à gauche. Montée en bague d'or.

348. — Agate à plusieurs couches. Deux petits Bustes d'hommes en ronde bosse, sur piédouches en cuivre et socles carrés en jaspe et marbre de diverses nuances.

MATIÈRES PRÉCIEUSES

349. — Cristal de roche. Très-petite Coupe ronde et creuse, finement gravée à rinceaux et figures d'animaux. XVIe siècle.

350. — Jade vert foncé. Manche de poignard incrusté d'or et de rubis. Travail indien.

351. — Cristal de roche. Hanap gravé à ornements et monté en argent doré et pierreries. Cette pièce a été fracturée et les joints ont été couverts par des turquoises.

352. — Cristal de roche. Coupe ovale gravée, montée en argent émaillé. Comme celle qui précède, cette pièce a été fracturée et les joints ont été couverts par des turquoises.

353. — Lapis-lazuli. Petite Coupe ronde et profonde sur pied à balustre, montée en argent gravé et doré.

354. — Lapis-lazuli. Deux très-petits Vases de forme allongée, montés à anses en cuivre doré.

355. — Jaspe de Sicile. Deux petites Colonnes supportées par des lions couchés et avec chapiteaux en bronze doré au mat.

356. — Agate rougeâtre. Coupe ronde et profonde sur pied à balustre.

357. — Agate rougeâtre veinée. Coupe ovale.

358. — Agate orientale grisâtre. Coupe ronde montée sur trépied en bronze doré à têtes de chérubins.

359. — Agate orientale blonde veinée de rouge. Petite Coupe ronde sur piédouche entouré de deux serpents dorés, et ornée de deux guirlandes et de deux intailles.

360. — Cornaline. Petite Plaque à angles coupés, portant des caractères gravés et montée sur pied en bois sculpté. Travail chinois.

361. — Agate orientale rougeâtre. Coupe ronde avec plateau.

362. — Agate rougeâtre veinée. Petit Plateau rond à bord plat.

363. — Agate rougeâtre. Deux petites Coupes, l'une ronde et l'autre ovale.

364. — Agate blanche. Deux petites Coupes ovales à cannelures à l'extérieur.

365. — Agate sardonisée. Petite Coupe ovale montée à anses et pied en cuivre doré.

366. — Agate rosée. Coupe ovale, garnie d'une monture analogue à celle qui précède.

367. — Porphyre rouge oriental. Deux petits Socles ronds.

368. — Granit vert. Petit Socle rond monté en bronze doré.

369. — Jaspe et agate. Trois petites Coupes, dont deux ovales et la troisième à pans.

370. — Jaspe et agate. Lot de Plaques de diverses formes.

371-373. — Cornaline et onyx. Six petites Coupes de dimensions variées, et deux Couteaux à papier.

374. — Lot de pierres diverses.

375. — Prime d'améthyste. Deux Vases de forme ovoïde allongée, montés à anses, cygnes en bronze doré.

Hauteur, $0^{m},72$.

376. — Serpentin d'Égypte. Deux Socles ronds avec tores de lauriers, en bronze ciselé et doré, époque Louis XVI.

Hauteur, 0m,14.

377. — Jade gris verdâtre. Coupe en forme de fleur avec branchages formant anse, pris dans la masse et repercé à jour. Travail chinois.

Largeur, 0m,20.

378. — Jaspe sanguin. Petite Coupe gravée à ornements et montée à anse en argent ciselé.

379. — Agate jaspée rougeâtre. Petite Coupe ovale montée sur pied et à anse en argent doré.

380. — Cristal de roche. Petite Coupe ovale finement gravée à ornements, XVIe siècle. Elle est montée sur un pied en bronze doré et cristal de roche.

381. — Malachite. Cinq petits Pieds ronds et carrés.

ORFÉVRERIE

382. — Vidrecome en argent repoussé à mascarons et ornements et portant des rinceaux gravés. L'anse est surmontée d'un lion debout et le couvercle est orné d'une médaille de Martin Luther. Travail allemand du XVIIe siècle.

Hauteur, 0m,25.

383. — Vidrecome en argent repoussé, doré en partie, décoré de figures dans un paysage. Le couvercle est orné d'une médaille de Charles XII, roi de Suède; XVIIIe siècle.

Hauteur, 0m,21.

384. — Petite Coupe à lobes et sur piédouche, en argent repoussé à fleurs sur fond doré. Époque Louis XIII.

385. — Coco sculpté à sujets de bacchanales et monté en argent doré. Le couvercle est surmonté d'une figurine tenant un écusson. XVIe siècle.

Hauteur, 0^{m},27.

386. — Petite Coupe ronde en agate orientale, supportée par une figurine de nègre, debout, en argent ciselé, avec pied rond en argent repoussé à rinceaux.

387. — Grand et beau Tableau de forme cintrée, en argent repoussé, en haut-relief, et représentant la Crèche. Beau travail du XVIIe siècle. Dans un cadre en bois sculpté et doré du temps de Louis XIV.

Haut., sans cadre, 0^{m},33. Larg., 0^{m},22.

388. — Autre joli Repoussé sur argent, représentant l'Adoration des rois mages. XVIIe siècle.

Hauteur, 0^{m},25; largeur, 0^{m},20.

389. — Deux Médaillons ronds, en argent repoussé, représentant, l'un diverses scènes tirées de l'histoire d'Andromède, et l'autre un savant couronné par la Renommée. XVIe siècle.

Diamètre, 0^{m},20.

390. — Deux Médaillons ovales, en argent repoussé, représentant deux scènes tirées de l'histoire de saint Georges. XVIIe siècle.

Largeur, 0^{m},15.

391. — Deux jolis petits Vases en forme de cornet à panse renflée, en argent ciselé à ornements en relief sur fond émaillé bleu. Travail chinois.

Haut., 0^{m},20.

392. — Quatre grands Flambeaux à tiges et pieds carrés du temps de Louis XVI, en argent. Travail anglais.

393. — Deux flacons à longs cols avec socles en cuivre doré et filigrane émaillé en partie à froid. Travail chinois.

394. — Deux Coupes-crachoirs de même travail, avec coquilles de nacre gravées; figures et arbustes et à fleur ouvrante et fermante. Travail chinois.

395. — Crachoir analogue à celui qui précède. Le bord de celui-ci est garni d'un rang de pierres imitant des rubis.

396. — Deux Jardinières oblongues avec arbustes et oiseaux de même travail que les pièces qui précèdent.

MINIATURES ET ÉMAUX

397. — Beau Portrait de femme, peint sur émail par Petitot.

398. — Très-beau Portrait de la reine Marie-Antoinette, peint sur émail.

399. — Médaillon ouvrant, en or, orné d'une peinture sur émail à fond bleu et enrichi de demi-perles.

400. — Deux Fermoirs de bracelet, ornés d'une peinture sur émail entourée de demi-perles; la monture est en or.

401. — Broche formée d'un portrait de femme, peint sur émail avec entourage de fleurs et de feuillages exécutés en diamants et rubis.

402. — Bracelet formé de six rangs de boules de grenat et fermoir orné d'une peinture sur émail, portrait de femme.

403. — Bracelet analogue au précédent, orné d'un fixé, portrait d'homme.

404. — Grand Médaillon ovale peint sur émail par *Kanz*. Jeune Fille vue à mi-corps, le sein découvert. Elle est vêtue de blanc avec ceinture rouge; ses cheveux sont retenus par un ruban bleu. Cadre en bronze doré.

405. — Jolie Peinture sur émail par *Thouron*. La Cruche cassée, d'après Greuze.

406. — Médaillon ovale peint sur émail. Portrait de jeune femme, de trois quarts à droite. Monté en broche d'or.

407. — Médaillon ovale peint sur émail d'après *Petitot*. Portrait de Mlle de Fontange.

408. — Médaillon ovale peint sur émail. Portrait de jeune fille; l'épaule droite nue, l'épaule gauche couverte d'un manteau bleu.

409. — Médaillon ovale peint sur émail; la Jeune Fille à l'oiseau, d'après Greuze. Monté en broche d'or et entouré de perles fines.

410. — Médaillon ovale peint sur émail. Portrait de Joseph II d'Autriche par *D'Argent*. Cadre en or.

411. — Portrait de femme peint sur émail. Elle a les cheveux poudrés et les épaules couvertes d'un vêtement bleu garni de fourrures.

412. — Médaillon rectangulaire peint sur émail. — L'Amour et Psyché. Cadre en or ciselé.

413. — Jolie Peinture sur porcelaine. Portrait de Mlle Mars.

414. — Autre Peinture sur porcelaine, pendant de celle qui précède. Portrait de Talma.

415. — Médaillon ovale peint sur émail. La Belle Joconde.

416. — Médaillon ovale peint sur émail. Portrait de Marie-Antoinette. Dans un cadre à réverbère en or à large filet d'émail bleu. Travail moderne.

417. — Médaillon ovale peint sur émail d'après *Greuze*. Jeune Fille vue à mi-corps; le sein gauche découvert; ses cheveux bruns sont retenus par un ruban bleu.

418. — Médaillon ovale peint sur émail d'après Greuze, faisant pendant à celui qui précède. Jeune Fille vêtue de blanc, avec ruban bleu dans les cheveux.

419. — Médaillon ovale peint sur porcelaine d'après Petitot. Portrait du cardinal Mazarin. Cadre en bronze doré.

420. — Deux grandes et belles Peintures sur porcelaine, signées *K. Herr*, sujets tirés de l'histoire de Lycurgue et Aristée et sa maîtresse.

421. — Deux Médaillons ovales peints sur porcelaine. Tête de Christ et buste de sainte Amélie, d'après *Paul Delaroche*.

422. — Trois Médaillons ovales peints sur porcelaine. Portraits de femmes en costumes du temps de Louis XIV. Cadres en bronze.

423. — Fixé ovale représentant un paysage avec chaumière. Cadre en bois sculpté et doré.

424. — Grand et beau Fixé de forme rectangulaire. Jeune Femme assise le pied posé sur un tabouret et disposant un bouquet de roses. Époque Louis XVI.

425. — Médaillon ovale peint sur émail. Jeune Femme allaitant son enfant. Cadre en or gravé.

426. — Peinture sur émail de forme rectangulaire, représentant Mars et Vénus. Cadre en cuivre doré.

427. — Jolie Miniature ovale sur vélin, peinte en grisaille rehaussée par *Klingstett*. Groupe de trois figures. Cadre en or à moulures.

428. — Miniature ovale en grisaille teintée sur vélin par Klingstett. Groupe de deux figures dans un étang.

429. — Miniature en grisaille sur vélin, dans la manière de *Klingstett*. Groupe de deux figures.

430. — Jolie Miniature sur vélin par *Klingstett*. Le Marchand de bijoux.

431. — Miniature carrée sur ivoire, attribuée à *Charlier*. Vénus et l'Amour dans un paysage.

432. — Miniature carrée sur ivoire. Jeune Femme nue couchée sur un lit de repos.

433. — Miniature carrée sur ivoire, dans la manière de *Charlier*. Diane et Nymphe dans un paysage.

434. — Miniature carrée sur ivoire, signée *Giasbaux, 1823*. Bacchante couchée dans un paysage.

435. — Miniature ronde sur ivoire. Portrait de jeune femme vue à mi-corps, vêtue de blanc et portant une large ceinture bleue. Cadre en or gravé, à chaînette.

436. — Miniature ronde sur ivoire. Portrait de jeune femme en costume Louis XVI, portant un large chapeau de paille garni de plumes; une colombe est sur son bras droit. Cadre en or gravé, à chaînette.

437. — Miniature ronde sur ivoire, signée *Augustin, 1790*. Portrait de jeune femme vêtue d'un robe violette; elle tient une branche de fleurs de la main droite. Cadre en bronze.

438. — Miniature ovale sur ivoire. Portrait de l'impératrice Joséphine. Dans un cadre en bois sculpté et doré.

439. — Miniature ovale sur ivoire. Portrait de femme, de trois quarts, en costume du temps de l'Empire, couronnée de roses. Cadre en bois sculpté et doré.

440. — Miniature ovale sur ivoire. Portrait de jeune femme en costume Louis XVI, composé d'un corsage bleu et d'un fichu blanc. Montée en broche.

441. — Miniature ronde sur ivoire. Jeune Femme pinçant de la harpe. Cadre en cuivre doré à perles.

442. — Miniature carrée sur vélin. Portrait de souverain portant l'armure et tenant un bâton de commandement. Cadre en cuivre doré.

443. — Grande Miniature ovale sur ivoire. Portrait de femme vue à mi-corps s'appuyant sur un coussin rouge. Cadre en cuivre doré à perles.

444. — Miniature ovale sur ivoire. Portrait de femme représentée avec les attributs d'une Bacchante. Cadre en or ciselé, repercé à jour.

445. — Miniature ovale sur ivoire. Portrait de Mlle Tascher de la Pagerie, nièce de l'impératrice Joséphine.

446. — Miniature à l'huile et sur cuivre. Portrait d'homme en costume du temps de Louis XV. Cadre en bronze doré, à rubans.

447. — Miniature ovale sur ivoire. Portrait de femme en costume du temps de Louis XV et portant une écharpe noire sur la tête.

448. — Grande Miniature sur vélin. La Vierge et l'enfant Jésus dans un paysage. Dans un cadre en écaille garni d'ornements en cuivre. Époque Louis XIII.

449. — Grande miniature carrée sur ivoire. Suzanne et les Vieillards. Signée *E. M^se^ de Turpin, 1781*. Dans un cadre en bronze ciselé et doré, du temps de Louis XVI.

450. — Miniature ronde sur ivoire. Portrait d'homme; un papier, placé près de son bras gauche, porte : *Ami du peuple.*

451. — Petite Miniature ronde sur vélin. Portrait de Louis XV. Dans un cadre en or gravé.

452. — Miniature ovale sur ivoire. Portrait de femme en costume du temps de Louis XV; tête poudrée, collier et pendants d'oreilles en perles.

453. — Deux Miniatures ovales, rehaussées d'or. Portraits de rajahs; travail indien. Cadres carrés en bois de rose.

454. — Miniature ronde sur ivoire. Portrait de femme en robe rouge et portant un voile blanc. Signée *Augustin*. Cadre en bronze.

455. — Miniature ovale sur vélin. Portrait d'homme en costume du XVIe siècle. Dans un étui en écaille.

456. — Miniature ovale sur ivoire. Portrait d'homme portant un habit bleu du temps de Louis XVI. Montée dans un médaillon à perles.

457. — Miniature ovale sur ivoire. Jeune Femme en prière. Dans un cadre à rubans et lauriers en bronze ciselé.

458. — Miniature ronde sur ivoire. Portrait de jeune femme en costume blanc du temps de Louis XVI; elle porte un chapeau de paille garni de roses. Cercle en or.

459. — Miniature ronde sur ivoire. Jeune Femme lisant. Cadre en bronze.

460. — Miniature ovale sur ivoire. Portrait de jeune garçon en costume blanc du temps de Louis XVI; il a trois oiseaux dans son chapeau. Cadre en bronze.

461. — Miniature ovale sur ivoire. Portrait de femme; un feston de roses descend de son épaule gauche et un ruban rose retient ses cheveux. Cadre en bronze ciselé et doré.

462. — Miniature ovale sur ivoire. Portrait de jeune femme; elle a le sein découvert et elle est appuyée sur des coussins bleus.

463. — Miniature ronde sur ivoire. Portrait de femme assise sur un canapé. Cadre en bronze doré.

464. — Miniature ovale sur ivoire. La Jolie Bouquetière. Dans un cadre en bronze, à rubans.

465. — Miniature rectangulaire sur vélin. Portrait de jeune femme en costume rouge et chapeau à plumes du temps de Louis XIV.

466. — Miniature ronde sur ivoire. Portrait de femme à mi-corps, vêtue d'une robe blanche et coiffée d'un chapeau bleu. Signée *Hall, 1775*. Cadre en bronze.

467. — Miniature ovale sur ivoire. Portrait de femme vue à mi-corps s'appuyant près de la statue d'un Amour. Signée *Sicardi*. Cadre en bronze doré, à fleurs et rubans.

468. — Miniature ovale sur ivoire. Portrait de femme en costume bleu garni de fourrure du temps de Louis XIV.

469. — Miniature carrée sur ivoire, signée *E.-L. de Loqniyssée*. Jeune Femme dévidant de la laine.

470. — Miniature carrée sur ivoire. Portrait de jeune femme blonde vêtue de jaune; ses cheveux sont attachés par un ruban gris.

471. — Miniature ronde sur ivoire signée *Hall*. Jeune Femme dans un parc, jouant de la guitare.

472. — Miniature ronde sur ivoire. Jeune Femme vue à mi-corps, tenant un nid dans lequel se trouvent deux colombes.

473. — Grande Miniature carrée sur ivoire. Vénus couchée, d'après le *Titien*.

474. — Miniature ovale sur vélin. Portrait de jeune femme en riche costume du temps de Louis XIII, se détachant sur un rideau rouge.

475. — Joli Médaillon rond peint sur émail et sur or, représentant un sujet biblique à l'extérieur et à l'intérieur un paysage. Cadre en or à filet d'émail blanc. Époque Louis XIV.

476. — Médaillon ovale peint sur émail. Portrait de l'impératrice Catherine II de Russie, de profil à gauche. Cadre en or gravé.

477. — Médaillon ovale peint sur émail. Beau portrait de Charles Ier d'Angleterre, vu de face; il porte l'armure, une collerette blanche et une écharpe bleue. Cadre en or incrusté de demi-perles.

478. — Médaillon ovale peint sur émail. Portrait de jeune femme en costume du temps de Louis XVI; elle est vêtue de noir et porte une rose dans ses cheveux. Cadre en or ciselé à perles.

479. — Médaillon ovale peint sur émail. Portrait de femme en costume du temps de Louis XIII. Cadre en or à réverbère, à pois d'émail blanc.

480. — Médaillon ovale peint sur émail. Portrait de jeune fille d'après *Greuze*, de trois quarts à gauche et portant un ruban bleu dans ses cheveux. Cadre en bronze ciselé à ruban.

481. — Médaillon rond peint sur émail et représentant la Charité romaine. Cadre en filigrane d'argent.

482. — Miniature ovale sur vélin. Portrait de mademoiselle *Du Chemin*. Cadre en or gravé à chaînette.

483. — Miniature ovale sur vélin. Portrait d'homme en costume du temps de Louis XIII sur fond bleu.

484. — Miniature ovale sur vélin. Portrait de femme en costume du temps de Louis XIV, de trois quarts à droite, avec collier et rang de perles dans les cheveux. Cadre en or à pois saillants.

485. — Miniature ovale sur ivoire. Portrait de la reine Marie-Christine de Suède. Montée en broche d'or.

486. — Miniature ronde sur ivoire. Portrait de Henri IV, vu à mi-corps et portant l'armure.

487. — Miniature ovale en largeur sur ivoire. Portrait de jeune femme à demi couchée et tenant un médaillon de la main droite.

488. — Miniature ovale sur vélin. Portrait d'homme portant une longue perruque grise à rallonges et un manteau bleu. Dans un étui en peau de chagrin.

489. — Miniature ovale sur vélin par *Klingstett*. Scène d'intérieur à quatre figures : l'Indiscret.

490. — Miniature ovale sur vélin. Grisaille rehaussée par *Klingstett*. Moine et Jeune Fille.

491. — Miniature ovale sur vélin. Groupe de deux figures : le Hardi Chasseur.

492. — Miniature rectangulaire sur vélin par *Klingstett*. Groupe de trois figures dans un intérieur.

493. — Miniature en grisaille sur vélin. Vénus et l'Amour. cadre en bronze à ruban.

494. — Miniature carrée sur ivoire, d'après *Charlier*. Trois nymphes couchées.

495. — Miniature ronde d'après le même. Vénus sortant du bain.

496. — Miniature ronde sur ivoire. Trois Nymphes enchaînant des Amours à l'aide de festons de roses. On lit au bas : *Charlier*.

497. — Miniature ronde sur ivoire. Jeune Femme et Jeune Garçon vus à mi-corps. Cercle d'or.

498. — Médaillon ovale peint sur émail et attribué à *Weyler*. Portrait de Franklin. Cadre en or gravé à chaînette.

499. — Médaillon ovale peint sur émail. Portrait d'Adrienne Lecouvreur. Cadre en bronze ciselé à couronne de laurier.

500. — Médaillon ovale peint sur émail. Portrait de Lekain. Cadre en bronze ciselé à couronne et branche de laurier.

501. — Médaillon rond peint sur émail. Portrait de Femme pinçant de la lyre. Cadre en or gravé à chaînette et à filets d'émail bleu clair.

502. — Médaillon ovale peint sur émail. Portrait de Femme de trois quarts à gauche, couronnée de feuilles de chêne. Cadre en bronze doré.

503. — Médaillon ovale peint sur émail. Portrait de la *duchesse de Luynes*.

504. — Médaillon ovale peint sur émail. Portrait de Louis XV jeune. Dans un cadre à réverbère en or, à bordure émaillée noir et blanc.

505. — Médaillon ovale peint sur émail. Portrait d'homme en costume rouge et noir. École anglaise. Cercle d'or.

506. — Médaillon ovale peint sur émail. Portrait d'homme portant la perruque à rallonges du temps de Louis XIV et un habit bleu.

507. — Deux Médaillons ovales peints sur ivoire. Portraits d'hommes d'après *Van Dyck*. Cadres en bronze.

508. — Miniature ronde sur ivoire. Portrait de femme représentée en bacchante.

509. — Miniature ronde sur ivoire. Jeune femme à sa toilette, elle porte un costume du temps de Louis XVI. Cadre en bronze.

510 — Miniature ronde sur ivoire. Portrait de femme en costume rouge. Cadre en bronze.

511. — Miniature ovale sur vélin. Jeune Femme touchant du clavecin. Cadre en bronze ciselé et doré.

512. — Miniature ovale sur ivoire. Portrait de jeune fille, d'après *Greuze*. Cadre en bronze doré.

513. — Miniature sur ivoire. Portrait de jeune homme, d'après Van Dyck, signé *Rougeot*. Cadre carré en bronze doré.

514. — Miniature ovale sur ivoire. Portrait de jeune femme vue de face; elle a des perles et des fleurs dans les cheveux. Cadre à perles en bronze doré.

515. — Miniature ovale sur ivoire. Portrait de la reine Marie-Antoinette. Travail moderne. Dans un cadre à perles en bronze doré.

516. — Miniature sur ivoire, par *Mlle Charin*. — Portrait de femme de la cour de Louis XIV; cadre carré en bronze doré.

517. — Miniature ronde sur vélin. Portrait du Régent. Cadre en or gravé.

518. — Miniature ovale sur ivoire. Portrait de la femme de Rubens.

519. — Miniature carrée sur vélin. Portrait de souveraine. Cadre en cuivre doré.

520. — Miniature ovale sur vélin. Portrait du Régent. Cadre en cuivre gravé.

521. — Miniature carrée sur ivoire. Les trois Grâces. Cadre en cuivre.

522. — Miniature ronde sur ivoire, signé : *Boze*. Portrait d'homme portant le grand cordon de l'ordre du Saint-Esprit. Cadre en cuivre doré.

523. — Médaillon ovale en vernis de Martin, à sujet d'intérieur, d'après *Greuze*.

524. — Médaillon ovale peint sur porcelaine. Portrait de *Charlotte Corday*.

525. — Miniature sur ivoire. Portrait de femme, de trois quarts à droite, vêtue d'un corset bleu avec manches et fichu blanc et portant des cheveux poudrés.

526. — Grande miniature carrée sur vélin. La Vierge assise tenant l'Enfant Jésus assis sur ses genoux. Cadre doré.

527. — Miniature carrée sur ivoire. Portrait d'homme en costume du temps de Louis XII.

528. — Grande Miniature ovale sur ivoire, par *Hesse*. Portrait de femme vue à mi-corps, le sein découvert et coiffée d'un foulard.

529. — Miniature carrée sur ivoire du temps de Louis XVI. Jeune femme vue à mi-corps, entourant un vase de guirlandes de fleurs.

530. — Jolie Peinture sur émail, d'après la *Rosalba*. Portrait de jeune femme vue à mi-corps et tenant une couronne de lauriers de la main gauche.

531. — Miniature ronde sur ivoire. Jeune Femme assise tenant un livre de la main droite.

532. — Miniature ovale sur ivoire. Portrait de la reine Marie Leczinska. Cadre en vermeil, gravé à chaînette.

533. — Seize petits Fixés ronds représentant des scènes d'intérieur dans le style des maîtres flamands et montés sur deux tablettes de velours rouge.

534. — Deux grands Fixés rectangulaires, par *Lehelle, 1826*. Intérieurs d'anciens cloîtres, animés par quantité de figures.

535. — Grande Miniature cintrée sur ivoire. Sainte Famille, d'après *Raphaël*. Dans un cadre en bois noir et bronze doré.

536. — Deux Miniatures ovales sur ivoire, par *E. Rousseau*. Portraits de jeunes filles.

537. — Jolie Peinture sur émail de forme oblongue à angles arrondis, représentant le sujet de *l'Annonciation*.

538. — Miniature ovale sur ivoire. Portrait de femme vêtue en bleu. Montée en broche.

539. — Miniature carrée sur ivoire. Portrait de femme portant un collier de corail à quatre rangs. Cadre en cuivre.

540. — Miniature ovale sur vélin. Portrait du cardinal de Retz sur fond bleu. Dans un cadre carré en cuivre doré.

541. — Miniature ovale sur ivoire. Jeune Femme couronnée de lauriers et vue à mi-corps près d'une urne portant le nom de Voltaire.

542. — Miniature ovale sur ivoire. Portrait du roi de Rome. Cadre en bronze.

ARMES

543. — Trousse de chasse, composée d'un grand et de deux petits couteaux à manches en bois sculpté à figures et ornements, et garnitures en fer damasquiné d'or. Gaîne en velours noir garnie en argent finement ciselé et doré, à figures et ornements dans le style de la *Renaissance*.

544. — Beau Poignard indien à lame en Damas et manche en jade verdâtre, richement incrusté d'or, de rubis, d'émeraudes, etc. Le fourreau de velours violet est garni en argent doré.

545. — Poignard analogue à celui qui précède, à manche en cristal de roche gravé à fleurs et ornements dorés. Fourreau en velours vert garni en argent doré.

546. — Belle Hache d'armes en fer ciselé, à animaux, feuillages, etc., incrusté et richement damasquiné d'or et repercée à jour. Hampe en argent gravé et doré.

547. — Sabre turc à lame courbe en damas damasquiné d'or; poignée en corne et fourreau en velours rouge garnis en argent ciselé.

548. — Sabre turc analogue à celui qui précède, avec fourreau en velours violet.

549. — Petite Trousse en velours rouge, montée en argent doré, filigrané, incrusté de grenat. Elle contient deux petits couteaux à manche de nacre.

550. — Petit Poignard à manche en cristal de roche, monté, ainsi que le fourreau, en argent doré et pierreries.

551. — Grand Yatagan avec poignée et fourreau en argent ciselé.

552. — Yatagan analogue à celui qui précède.

553. — Poignard indien à lame courbe en damas, manche en jade vert, gravé à fleurs, et ornements et fourreau garni en argent ciselé et doré.

554. — Petit Couteau-yatagan à manche en argent niellé et fourreau en velours rouge, garni en argent ciselé et doré.

555. — Deux Pistolets albanais avec montures en argent ciselé et doré.

556. — Deux Pistolets turcs avec montures en argent ciselé et doré, à trophées d'armes et ornements.

557. — Couteau-poignard avec manche en jaspe-agate et fourreau en velours rouge, garni en argent doré.

558. — Hache d'armes en damas damasquiné d'or, avec hampe en argent repoussé, doré en partie.

559. — Petit Couteau circassien avec manche en morse garni, ainsi que le fourreau, en argent niellé.

560. — Poignard circassien richement monté en argent doré et niellé. Le manche est enrichi de turquoises.

561. — Couteau de chasse écossais avec petit couteau et fourchette à manches en bois sculpté et riche garniture d'argent ciselé. Le manche du grand couteau, formant tabatière, est orné d'une topaze d'Écosse.

562. — Plaque de ceinturon en argent avec ornements filigranés et chaînettes.

563. — Petit Couteau-yatagan à lame damasquinée d'or et à manche et fourreau en argent repoussé et doré, incrusté de turquoises, grenats, etc.

564. — Deux beaux Pistolets albanais avec riches montures en argent ciselé et doré.

565. — Deux Pistolets analogues, avec montures en argent ciselé.

566. — Beau Sabre à lame courbe, en damas, avec manche en corne garni, ainsi que le fourreau, de velours rouge en argent ciselé et doré.

567. — Sabre analogue à celui qui précède. Le fourreau de celui-ci est en velours bleu.

568. — Yatagan avec manche en argent ciselé. Le fourreau en argent repoussé est doré en partie.

569. — Yatagan analogue à celui qui précède; le manche de celui-ci est en buffle.

570. — Poignard à lame flamboyante, en damas, avec manche en jade vert foncé, garni, ainsi que le fourreau, de velours rouge en argent ciselé et doré.

571. — Poignard à manche en jade verdâtre, se terminant par une tête de gazelle à laquelle on a rapporté deux oreilles d'or. Le fourreau en velours vert est garni en argent ciselé et doré.

572-574. — Trois petits Poignards montés en argent ciselé et doré. L'un d'eux a un manche du XVIe siècle, en argent, finement gravé à figures et ornements.

575. — Large Ceinture albanaise richement brodée en fin et garnie de coraux.

PIPES

576-577. — Deux longues Pipes turques, garnies en argent ciselé et avec bouts d'ambre.

578-579. — Deux Pipes analogues à celles qui précèdent, mais avec monture en argent doré.

580. — Narghilé en cristal doré, avec long tuyau.

581. — Narghilé analogue à celui qui précède.

SCULPTURES EN IVOIRE

582. — Grand Vidrecome en argent ciselé, repoussé et doré, à anse formée d'une cariatide d'homme debout. Il offre au pourtour trois sujets en ivoire sculpté en haut-relief et sans fond, représentant des scènes ayant trait à la paix. Le couvercle est surmonté d'un groupe de deux figures d'enfants également en ivoire.

Hauteur : 0m,35.

583. — Autre grand Vidrecome en ivoire sculpté en bas-relief, et représentant une scène de Guerriers romains combattant. Avec monture en argent doré à oves; l'anse est formée d'une figure de satyre et d'un dragon enroulé, et le bouton du couvercle offre une figure d'enfant sur un dragon.

Hauteur : 0m,38.

584. — Quatre Statuettes debout, représentant les Saisons. Travail du XVIIe siècle.

Hauteur avec socle à gorge : 0m,25.

585. — Bas-relief. Cippe ovale offrant au pourtour une bacchanale d'enfants. Monture en argent ciselé et doré.

Hauteur : 0m,12.

586. — Haut-relief. L'Enlèvement des Sabines, composition d'un grand nombre de figures. XVIIe siècle.

Largeur : 0m,18.

587. — Deux Statuettes. Figurines de mendiants. Travail de Dieppe.

Hauteur : $0^{m},14$.

588. — Deux Figurines. Enfants bacchants.

Hauteur : $0^{m},15$.

589. — Deux Statuettes. Saint Jean et sainte Madeleine, debout.

Hauteur : $0^{m},16$.

590. — Ronde bosse. Groupe représentant la Crèche.

Largeur sans le cadre : $0^{m},12$.

591. — Petit groupe, le Temps et l'Amour.

Hauteur : $0^{m},12$.

592. — Bénitier. Il offre le Christ en croix, rapporté sur un fond représentant les divers instruments de la Passion, et des ornements à rinceaux repercés à jour.

593. — Poignard à fourreau et manche ornés de figurines et d'ornements.

SCULPTURES EN MARBRE

ET AUTRES

594. — Marbre blanc. Jolie Statue du temps de Louis XV. L'Amour debout, appuyé contre un tronc d'arbre, tient un chevreau sous son bras gauche. Piédestal en bois peint en blanc.

Hauteur du marbre : $1^{m},18$.
Hauteur du piédestal : $1^{m},07$.

595. — Marbre blanc. Figure debout d'après l'antique. Hercule Farnèse. Piédestal en bois peint.

Hauteur du marbre : 1 mètre.
Hauteur du piédestal : 1m,22.

596. — Marbre blanc. Statue. Vénus callipyge.

Hauteur : 1m,60.

597. — Marbre blanc. Statue. Vénus pudique.

Hauteur : 1m,75.

598. — Marbre blanc. Statue. Apollon d'après l'antique. Sur piédestal en bois peint.

Hauteur du marbre : 1m,23.

599. — Marbre blanc. Buste de Nymphe, grandeur nature, couronnée de roseaux et de fleurs. Époque Louis XIV.

Hauteur, y compris le piédouche : 0m,72.

600. — Marbre blanc. Buste de Flore, grandeur nature, couronnée de fleurs. Époque Louis XIV.

Hauteur, compris le piédouche en marbre turquin : 0m,70.

601. — Marbre blanc. Quatre Bustes, grandeur presque nature, avec chlamydes en marbre de rapport, et piédouches en marbre. Époque Louis XIV. Ils seront vendus par deux.

Hauteur : 0m,54.

602. — Marbre blanc. Deux Bustes, grandeur nature, sur piédouches en marbre rouge de Flandre. Apollon et Diane. Époque Louis XIV.

Hauteur totale : 0m,66.

603. — Marbre blanc. Buste d'Antinoüs, grandeur nature.

Hauteur : 0m,63.

604. — Marbre blanc. Buste de femme de style antique, grandeur nature. Sur piédouche en marbre noir.

Hauteur : 0m,62.

605. — Marbre blanc. Quatre petits Bustes figurant les Saisons. Époque Louis XIV. Sur socles ronds en albâtre.

Hauteur, sans les pieds : 0m,27.

606. — Marbre blanc. Jolie Figure de Vénus debout. Époque Louis XVI.

Hauteur : 0m,73.

607. — Marbre blanc. Figure de Pâris debout, à ses pieds est l'aigle de Jupiter.

Hauteur : 0m,70.

608. — Marbre blanc. Figure d'adolescent d'après l'antique.

Hauteur : 0m,70.

609. — Marbre blanc. Groupe de deux figures : Vénus et l'Amour. Signé De Carlis. *Fecit Roma*, 1811.

Hauteur : 0m,75.

610. — Marbre blanc. Figure d'Apollon debout, dite du Belvédère. Sur socle en marbre bleu turquin.

Hauteur : 1m,05.

611. — Marbre blanc. Figure de Vénus au Dauphin, dite de Médicis.

Hauteur : 1 mètre.

612. — Marbre blanc. Buste de Madeleine, grandeur nature ; elle a les mains croisées sur la poitrine. Sur piédouche en marbre noir.

Hauteur : 0m,68.

613. — Marbre blanc. Buste de l'Apollon du Belvédère, grandeur plus que nature.

Hauteur : 0m,77.

614. — Marbre blanc. Buste de femme, grandeur nature, la tête enveloppée d'un voile. Sur piédouche en marbre portor.

Hauteur : 0m,62.

615. — Marbre blanc. Buste de femme, grandeur nature.

Hauteur : 0m,59.

616. — Marbre blanc. Figurine d'enfant bacchant couché.

Largeur : 0m,37.

617. — Marbre blanc. Groupe de deux figures : l'Amour et Psyché.

Hauteur : 0m,65.

618. — Marbre blanc. Groupe représentant le même sujet.

Hauteur : 0m,72.

619. — Marbre blanc. Petit Buste de femme couronnée de fleurs. Signé : F. Franzoni.

Hauteur : 0m,44.

620. — Marbre blanc. Petit Buste de Bacchante, également signé : F. Franzoni.

Hauteur : 0m,44.

621. — Marbre blanc. Joli Buste de Vierge couronnée de roses et voilée. Signé : Niron.

Hauteur : 0m,48.

622. — Marbre blanc. Petit Buste de l'empereur Napoléon Ier.

Hauteur : 0m,37.

623. — Terre cuite. Deux Bustes grandeur nature, par Carpeaux : Napolitain et Napolitaine.

Hauteur : 0m,50.

624. — Marbre blanc. Deux petites Statuettes de femmes accroupies.

625. — Serpentine. Sanglier d'après l'antique.

Hauteur : 0m,27.

626. — Albâtre. Deux grandes Buires sculptées à mascarons et ornements sur piédestaux de forme carrée.

Hauteur : 1m,70.

627. — Terre cuite. Joli Médaillon rond, par *Nini*, signé et daté *1769*. Buste en bas-relief de *Suzanne Jarente de la Reynière*. Cadre en cuivre.

628. — Terre cuite. Médaillon rond, par *Nini*, signé et daté de *1768*. Buste en bas-relief d'*Albertine Nivenheim*. Cadre en bronze.

629. — Terre cuite. Figure de jeune garçon, grandeur nature, portant des raisins dans sa chemise relevée. Époque Louis XV.

630. — Terre cuite. Cinq Figures grandeur presque nature d'enfants, Jardiniers et Jardinières. Époque Louis XVI.

631. — Terre cuite. Socle rond orné de festons de fleurs et de fruits en relief. Époque Louis XVI.

632. — Terre cuite. Buste de Montesquieu, grandeur nature.

COLONNES ET VASES

633. — Marbre rouge des Pyrénées. — Deux colonnes avec embases en marbre blanc et plinthes en marbre vert de mer. Les chapiteaux sont en bois peint en blanc.

Hauteur totale : 1m,85.

634. — Marbre veiné grisâtre. Deux vases ovoïdes à culots et couvercles godronnés.

Hauteur : 0m,45.

635. — Marbre jaune de Sienne. Grande coupe carrée à culot godronné et à quatre anses prises dans la masse. Le piédouche élevé est cannelé. La gorge supérieure est garnie de quelques ornements de bronze. Piédestal carré en marbre bleu turquin.

Hauteur totale : 1m,67. Largeur : 0m,63.

636. — Marbre rouge de Flandre. Deux colonnes avec embases et chapiteaux en marbre blanc.

Hauteur : 1m,64.

637. — Marbre griotte d'Italie. Piédestal carré avec plinthe et moulure en marbre portor.

Hauteur : 1m,40.

638. — Marbre jaune antique. Deux petites coupes carrées à gorge et sur piédouche, avec plinthes en marbre bleu turquin.

Hauteur : 0m,27.

639. — Marbre jaune antique. Deux coupes rondes sur piédouche.

Hauteur : 0m,27.

640. — Marbre blanc veiné de rouge. Vase ovoïde à deux anses carrées et à couvercle.

Hauteur : 0m,65.

641. — Marbre jaune antique. Coupe ronde à culot godronné, piédouche cannelé et à deux anses.

Hauteur : 0m,25.

642. — Marbre rouge antique. Quatre colonnettes accouplées deux à deux avec embases, chapiteaux et corniche en marbre blanc et garnitures de bronze doré.

Hauteur : 0^m,31.

643 — Albâtre oriental. Quatre colonnettes disposées comme celles qui précèdent.

Hauteur : 0^m,31

644. — Serpentine. Deux vases ovoïdes à anses carrées prises dans la masse et montés sur socles en bronze avec moulures ciselées et dorées.

645. — Serpentine. Deux coupes à anses, double serpent, sur piédouche et socle rond sculptés.

FAÏENCES

646-647. — Deux plats ronds en ancienne faïence d'Urbino. L'un d'eux représente un sujet de chasse, et l'autre divers personnages se livrant au plaisir de la pêche. Cadres en bois noir.

Diamètre sans cadre : 0^m,35.

648. — Plat rond en faïence de Castelli, représentant le sujet de la Toilette de Vénus. Bordure des génies et fleurs.

Diamètre : 0^m,33.

649. — Plat rond de même faïence. Celui-ci représente le Triomphe d'Amphitrite.

Diamètre : 0^m,33.

650. — Petit Plat rond et creux en faïence d'Urbino, représentant Daphné changée en laurier.

Diamètre : 0^m,22.

651. — Plat analogue à celui qui précède, à sujet tiré de l'histoire de Polyphème.

Diamètre : 0^m,23.

652. — Coupe ronde à côtes, sur pied bas, représentant l'ensevelissement du Christ.

Diamètre : 0^m,28.

653. — Deux Vases en faïence italienne de forme ovoïde anses serpents, décorés de figures et de fleurs.

654. — Deux Bustes, grandeur nature, en faïence : personnages en costumes du XVIe siècle.

Hauteur : 0^m,80.

655. — Deux Vases à deux anses, en faïence moderne, genre Palissy.

Hauteur : 0^m,58.

656. — Jardinière en faïence de Minton, formée d'une coupe ronde portée par trois figures d'enfants.

Hauteur : 0^m,28.

657. — Quatre Vases en terre peinte, décorés à l'imitation de vases étrusques.

658. — Théière en faïence allemande formée d'une figure de vieille femme assise.

659. — Pot à tabac à pans, en terre émaillée de Munich, décoré des figures des Évangélistes et d'une figure de femme.

Hauteur : 0^m,18.

PORCELAINES

660. — Grande et belle Garniture de cinq pièces, Potiches et Cornets à pans, en ancienne porcelaine du Japon à riche décor en bleu rouge et or à fleurs, ornements et oiseaux. Les couvercles sont surmontés de chimères.

661. — Garniture de trois grands Vases, Potiche et Cornets en porcelaine laquée, à fond noir et fleurs de couleur, montés en bronze à ornements rocaille et dauphins. Les cornets supportent des lampes et six branches porte-lumière.

662. — Deux Vases en porcelaine du Japon, à décor en camaïeu bleu, et surdécorés de rouge, de vert et d'or. Montures en bronze, à lampes et à huit branches porte-lumière.

663. — Deux Vases en forme de cornet, en ancienne porcelaine du Japon, à décor en bleu, rouge et or. Monture analogue à celle des vases qui précèdent.

664. — Deux Vases à pans en porcelaine imitant la porcelaine de Chine, montés à anses en bronze.

665. — Quatre Groupes en imitation de Saxe : les Saisons.

666. — Deux Vases en porcelaine de Sèvres, pâte dure, forme dite Médicis, fond bleu, empois rehaussé d'or et à médaillon : Sujets champêtres. Ils sont montés en bronze doré.

Hauteur : $0^{m},47$.

667. — Potiche et deux Cornets en porcelaine moderne, décorés à l'imitation du Japon.

668. — Deux Cornets et une petite Potiche également en porcelaine moderne.

669. — Coupe ronde et profonde de même porcelaine, montée en bronze à deux anses.

670. — Deux Tasses avec soucoupes en porcelaine de Sèvres, pâte dure, fond gros bleu à décor d'or. L'une d'elles offre le portrait d'Anne d'Autriche par Fanny Charin, et l'autre le portrait de Marie Leckzinska par Élisa Lothon.

671. — Deux petites Buires formées de tasses en porcelaine du Japon, montées en bronze doré.

672. — Médaillon ovale en biscuit de Wedgwood, à figure blanche, sur fond bleu.

673. — Deux petits Bustes en biscuit de Sèvres : Corneille et Diderot.

674. — Quatre petites Bouteilles en porcelaine laquée, noir.

675. — Deux petits Vases en forme de potiche, en ancienne porcelaine de Chine, décorés de fleurs.

676. — Écritoire en bronze doré, ornée d'une figurine d'homme assis, en ancienne porcelaine de Chine.

677. — Grand Groupe, composé de trois figures, en porcelaine de Hœchst (Mayence) : Vielleur, sa femme et son enfant.

678. — Deux petits Groupes, de même porcelaine : Jeux d'enfants.

679. — Petite Figurine de jeune fille assise, en porcelaine de Saxe.

680. — Statuette de vieillard, en porcelaine de Mayence.

681. — Figure de vieillard accroupi, en ancienne porcelaine de Chine, émaillée en couleurs.

682. — Deux grandes et belles Potiches à pans, à couvercles surmontés de chimères, en ancienne porcelaine du Japon, semées de fleurs et d'oiseaux en bleu, rouge et or.

Hauteur : 0m,88.

683. — Deux grandes Potiches analogues à celles qui précèdent.

Hauteur : 0m,88

684. — Deux grands Vases en forme de balustre, à anses doubles chimères, en céladon vert d'eau et à médaillons de fleurs et insectes, gaufrés en relief et réservés en blanc.

Hauteur : 0m,86.

685. — Groupe représentant l'Asie et composé d'une figure de Femme costumée à l'orientale et assise sur un éléphant, en porcelaine de Saxe.

Hauteur : 0m,42.

686. — Vase en forme de balustre carré, à double panse à jour en porcelaine du Japon, à décor en camaïeu bleu et surdécoré en rose, vert et or. Monture en bronze de style chinois.

Hauteur : 0m,50.

687. — Trois Plateaux forme feuille, dont deux en porcelaine de Vienne et un en porcelaine d'Anspach.

688. — Petite Tasse avec soucoupe en vieux Sèvres, pâte tendre, fond bleu turquoise caillouté d'or et médaillons de fleurs.

689. — Deux Figurines en porcelaine tendre, émaillées bleu turquoise. Modèle connu sous le nom du *Garde à vous.*

690. — Deux Pièces en biscuit, à figures en relief réservées en blanc sur fond bleu.

691. — Diverses Tasses en porcelaine de Saxe, de la Chine et du Japon.

692. — Deux Groupes en porcelaine moderne imitant le Saxe : le Marchand de marrons et la Marchande de plaisirs.

693. — Sucrier en porcelaine tendre, à couvercle, fond gros bleu et bleu turquoise et décoré de médaillons, d'oiseaux. Monture à anses en bronze doré.

694. — Deux Vases à rafraîchir à deux anses et à grappes de vigne en relief, en porcelaine tendre fond bleu turquoise et à médaillons de fleurs, oiseaux et fruits.

695. — Coupe ronde et plate en porcelaine dure, fond bleu turquoise et médaillons de fruits, montée à anses et pied en bronze.

OBJETS VARIÉS

696. — Deux Peintures sur émail de Limoges, en grisaille sur fond noir, par H. Poncet. Bustes du Christ et de la Vierge, dans des cadres dorés à fond de velours rouge.

697. — Quatre jolies Mosaïques de Rome appliquées sur fond de velours rouge et montées dans deux cadres en bois sculpté et doré du temps de Louis XV : 1° Chiens forçant un sanglier; 2° Renard dévorant un coq; 3° Chevreau attaqué par un oiseau de proie; 4° Chien épagneul dans un paysage. Ce lot pourra être divisé.

698. — Deux Tableaux de fleurs et d'oiseaux peints en couleurs sur fond de glace, avec cadres laqués. Travail chinois.

699. — Deux Peintures sur verre, représentant des figures de femmes vues à mi-corps. Travail chinois.

700. — Boîte oblongue à quatre lobes en émail cloisonné de la Chine, décorée de fleurs et d'ornements sur fond bleu turquoise.

701. — Petit Brûle-Parfums à panse sphérique, à anses et pieds à dragons et chimères en bronze doré. La panse et le couvercle sont en émail cloisonné de la Chine, décorés de fleurs et d'ornements en couleurs sur fond bleu turquoise.

702. — Petite Coupe ronde et profonde en verre double, décorée d'une figure de singe, rehaussée d'or sur fond peint à l'imitation d'agate. Elle est montée sur un pied en bronze.

703. — Petite Coupe ronde, en bronze du Tonkin à médaillons, branches de fleurs dorées et pied à balustre doré.

704. — Deux Pommes de canne, l'une en argent ciselé, doré et émaillé à fond bleu, ornée de figurines debout et

enrichie de pierreries, et l'autre en porcelaine décorée de figures dans le style des maîtres flamands.

705. — Quatre Flacons à deux anses en verre gravé.

706. — Gobelet à pans en verre de Bohême gravé, portant des figures représentant les quatre Parties du monde.

707. — Bourse en velours rouge, brodée en soies de couleur et or.

708. — Six Médailles modernes en bronze.

709. — Pièce d'étoffe lamée d'or.

BRONZES D'ART

710. — Beau Buste d'Empereur romain grandeur nature, sur piédouche carré à moulures en marbre griotte. Bronze italien du XVIe siècle.

Hauteur totale : 0^m,63.

711. — Buste de Philosophe grec, grandeur nature. Bronze muni d'une belle patine.

Hauteur : 0^m,65.

712. — Deux petits Bustes de philosophes grecs en bronze sur piédouches en bronze doré. Époque Louis XV.

713. — Tête de Henri IV en bronze, grandeur plus que nature. XVIIe siècle.

714. — Figure équestre de Louis XIV, dans l'attitude du commandement, sur socle rectangulaire en marqueterie de cuivre et écaille, et garni de bronze ciselé.

Hauteur : 0m,90. Largeur : 0m,64.

715. — Deux jolis petits Bustes en bronze du temps de Louis XV ; Jeune Garçon portant l'armure et Jeune Fille. Patine rougeâtre.

Hauteur : 0m,47.

716. — Grand Groupe en bronze. Laocoon et ses Fils. Sur socle en marqueterie garni de bronze.

Hauteur sans socle : 0m,85. Largeur : 0m,60

717. — Belle Figure de Gladiateur vainqueur et accroupi, posant sa main gauche sur une couronne de lauriers. Bronze muni d'une patine rougeâtre.

Hauteur : 0m,60.

718. — Deux jolies Figures de Centaures d'après l'antique. Bronzes portant la signature de Giacomo Zoffoli.

Hauteur : 0m,37.

719. — Deux jolies Statuettes en bronze du XVIe siècle : Junon et l'Abondance, sur socles à gorges en bronze ciselé et doré du temps de Louis XVI.

Hauteur : 0m,20.

720. — Deux autres statuettes en bronze : Hercule et Victoire debout.

Hauteur : 0m,13.

721. — Deux petits Vases de forme dite de Médicis, à figures de style antique au pourtour et montés sur socles carrés en marbre orbiculaire de Corse.

Hauteur totale : 0m,41.

722. — Deux petits Bustes en bronze : Apollon et Diane.

Hauteur : 0m,48.

723. — Figurine de Scapin dansant, en bronze, sur socle en albâtre oriental.

724. — Deux Lévriers couchés, en bronze, sur terrasses en bronze ciselé et doré et sur plinthes en marbre vert de mer.

725. — Petite Figure de Vénus accroupie, en bronze.

726. — Deux Pièces en bronze du XVIe siècle : Bouc au galop et Taureau passant, sur socles en marbre.

727. — Petit Buste d'Homère en bronze. XVIIe siècle.

BRONZES D'AMEUBLEMENT

728. — Deux grandes Torchères formées chacune d'une figure d'Amour, debout, en bronze, d'après Pigale, supportant un cornet d'où s'échappent neuf branches de lis, porte-lumière en bronze doré et monté sur un fût de colonne en bois noir, garni de festons de fleurs en bronze doré.

Hauteur : 2m,50.

729. — Grand Lustre en bronze doré, modèle dit de Boulle, à vingt-huit lumières.

730. — Lustre analogue à celui qui précède, en bronze verni, à vingt-quatre lumières.

731. — Quatre Bras de même style, à six lumières chacun.

732. — Deux Chenets de style rocaille, à figures de Chinois, en bronze ciselé et doré.

733. — Deux Flambeaux du temps de Louis XVI, en bronze ciselé et doré au mat, en forme de carquois placé dans un trépied.

734. — Deux autres Flambeaux Louis XVI, en bronze, à tiges à balustre.

735. — Deux petits Vases en spath fluor, garnis de montures à anses têtes de béliers et festons de vigne, en bronze ciselé et doré. Époque Louis XVI.

736. — Deux petits Vases du temps de Louis XVI, en forme de balustre en verre bleu, montés en bronze ciselé et doré.

737. — Deux Chenets de style rocaille en bronze, ornés de figures d'enfants.

738. — Deux Chenets analogues à ceux qui précèdent; les figures de ceux-ci sont bronzées.

739. — Pendule en marbre noir, incrustée de lapis et de malachite, et garnie de bronze ciselé et doré au mat. Elle est surmontée d'une coupe ovale à couvercle en cornaline montée en bronze ciselé et doré au mat.

740. — Deux Candélabres à pieds et colonnes en malachite et montures en bronze ciselé et doré au mat.

741. — Deux Coupes rondes sur pieds carrés en malachite et montées sur piédouches en bronze ciselé et doré.

742. — Deux petits Flambeaux du temps de Louis XVI, en bronze ciselé et doré au mat, à tige cannelée.

743. — Deux Flambeaux en bronze à tige, à balustre entourée par trois dauphins.

744. — Pendule Louis XVI, en bronze doré et marbre blanc à figures de Femme et d'Amour.

745. — Deux petits Vases, forme Médicis, en bronze sur socles carrés, en marbre vert de mer.

MEUBLES

746. — Horloge et Baromètre, dans deux très-beaux cadres en bois finement sculpté et doré, à branches de fleurs, groupes de colombes et attributs. Époque Louis XVI.

Hauteur : 0m,94.

747. — Très-belle Table en mosaïque de Florence, à riche décor d'ornements exécutés en lapis, jaspes et autres marbres sur fond noir. Le support est en bois sculpté et doré, à cariatides de femmes ailées et ornements. Époque Louis XIV.

Largeur : 1m,32.

748. — Deux Meubles d'entre-deux en bois noir, garnis de bronzes, ciselés et dorés. La porte est formée d'une mosaïque de Florence en relief, représentant un Vase de fleurs et des Oiseaux exécutés en jaspe de diverses nuances sur fond noir.

Hauteur : 1m,30. Largeur : 1m,03.

749. — Pendule en marbre noir et mosaïque en relief à branches et corbeille de fruits, et garnie d'ornements et de figurines d'enfants satyres, en bronze ciselé et doré.

Hauteur : 0m,80.

750. — Socle carré du temps de Louis XIV, en marqueterie d'étain, garni de bronzes.

751. — Deux petites Étagères à côtés cintrés et rentrants, en bois noir, garnies de quelques bronzes et à tablettes en marbre blanc. L'une d'elles date du temps de Louis XVI.

Largeur : 0m,82.

752. — Petit Cabinet italien à porte à battant en bois d'ébène, incrusté d'ivoire, XVIe siècle.

Largeur : 0m,53.

753. — Petit Meuble à bijoux, fermant à deux portes, en marqueterie de bois de rose, garni de tiroirs et de bronzes ciselés.

Hauteur : 1m,13. Largeur : 0m,75.

754. — Petit Bureau à cylindre du temps de Louis XVI, en acajou, et moulures en cuivre poli, avec casier fermant à deux portes vitrées.

755. — Petit Modèle de scriban hollandais, en marqueterie de bois du temps de Louis XV.

756. — Deux Meubles, vitrines à deux corps, en bois noir, à colonnes torses et à portes et côtés vitrés.

757. — Deux Piédestaux-appliques, en marqueterie de bois sur fond d'acajou, enrichis chacun d'un grand médaillon rond en biscuit de Wedgwood, à figure

de sibylle, réservée en blanc sur fond noir. Les angles sont ornés de colonnettes cannelées en bois noir, avec garnitures de bronze doré. Époque Louis XVI.

Hauteur : 1m,14.

758. — Miroir-applique de forme contournée, avec cadre en verre à moulures et ornements. Travail vénitien.

759. — Trois petits Cadres en bois sculpté et doré, à ornements rocaille et fleurs.

760. — Deux petits Meubles vitrines en bois noir incrusté de filets de cuivre et garnis de quelques ornements de bronze. La porte et les côtés de chacun d'eux sont vitrés.

Hauteur : 1m,60. Largeur : 0m,65.

761. — Grand Meuble de milieu à hauteur d'appui en bois de palissandre garni de bronze doré, et vitré sur toutes ses faces.

Longueur : 3m,16. Largeur : 0m,51.

762. — Guéridon en porcelaine tendre à fond gros bleu, et Médaillons sujets mythologiques encadrés d'ornements d'or. Il est monté sur un pied très-riche en bronze ciselé et doré orné de rinceaux, de figures d'enfants, de médaillons et de guirlandes de fleurs.

763. — Table de milieu en marqueterie d'étain, écaille et cuivre, garnie d'ornements en bronze.

764. — Deux Jardinières à trépieds en bois de rose et garnies de bronze.

765. — Console de style Louis XV, en bois doré, à dessus de marbre blanc.

766. — Petit Chiffonnier du temps de Louis XVI, en bois d'acajou, garni de bronzes ciselés et à dessus de marbre blanc.

PARIS. — J. CLAYE, IMPRIMEUR, 7, RUE SAINT-BENOIT. — [835]

www.ingramcontent.com/pod-product-compliance
Ingram Content Group UK Ltd.
Pitfield, Milton Keynes, MK11 3LW, UK
UKHW020437180726
13839UKWH00004B/1529